Miriam Schneider

Poppen, furzen, Whisky saufen

Der perfekte Tag eines Mannes

Eichborn.

Ich danke meinen Freundinnen und Freunden
für ihre bodenständige Phantasie:
Bettina, Esther, Hinz, Jule, Marc, Simon,
Thias und Toby

2 3 4 01 00

Gesamtproduktion: Fuldaer Verlagsagentur, Fulda
ISBN 3-8218-2075-6

Verlagsverzeichnis schickt gern:
Eichborn Verlag, Kaiserstraße 66,
D – 60329 Frankfurt am Main
www.eichborn.de

Vorwort

Was macht den perfekten Tag eines Mannes aus? Wie wünscht ihn sich ein Proll, ein Yuppie, ein Schüler, ein Rentner?

Hier sind sie endlich nachzulesen – Tagesabläufe, wie sie schöner nicht sein könnten – garantiert klischee- und jugendfrei.

Daß das weibliche Geschlecht ganz andere Vorstellungen vom perfekten Tag hat, ist sonnenklar. Was hier nur angedeutet wird, ist in „Shoppen, schminken, Kuschelsex – Der perfekte Tag einer Frau" zu erfahren ...

Viel Spaß und einen hohen Wiedererkennungseffekt wünscht die Männerkennerin

Miriam Schneider

Inhalt

Der perfekte Tag eines Mannes:

Der Proll **6**

Der Yuppie **20**

Der Schüler **32**

Der Rentner **44**

Duschanleitung:

So duschen Sie wie ein Mann **52**

So duschen Sie wie eine Frau **58**

Der Proll

5.30 Der Wecker klingelt, die Alte steht auf und macht das Frühstück.

5.40 Eier kraulen und Morgenlatte massieren.

5.50 Auf den Bettrand setzen, abhusten und die Rotze hochziehen.

5.55 Vorbereitung für den Morgenschiss: Kippen in die Unterhose stecken, Kicker unter den Arm klemmen, in der Küche am Kaffee nippen, rauchen.

6.00 Befriedigender Morgenschiss, natürlich ohne die Klobürste zu benutzen.

6.23 Im Bad die Zähne putzen, die Brusthaare mit der Nagelschere stutzen, das Goldkettchen anlegen und heute mal nicht duschen.

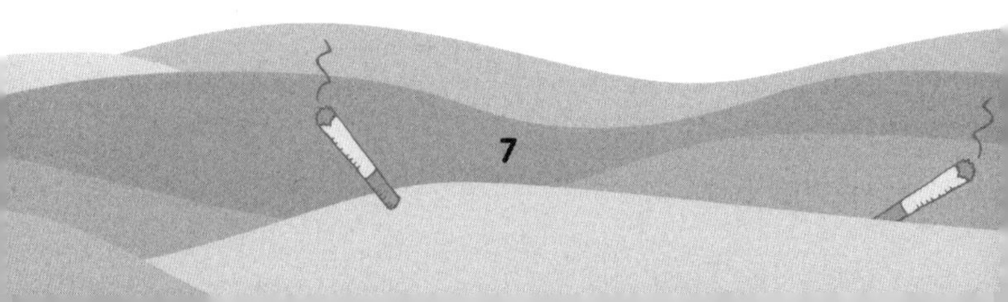

6.31 Die Schnellfickerhose und das Rippenunterhemd von gestern mit dem herben männlichen Duft heute nochmal anziehen.

6.35 Zum Frühstück macht „die Muddi" Rührei, heute mit Speck.

6.55 Auf die Arbeit gehen, im Fahrstuhl die geile Nachbarin treffen, die Nothalttaste drücken und von ihr einen geblasen bekommen.

7.15 Am Kiosk Jägermeister trinken und die Bild-Zeitung kaufen.

7.30 Ausnahmsweise mit dem Bus zur Arbeit: Einen Sitzplatz bekommen, da eine ältere Frau aufsteht und ihren anbietet.

8.01 Stechuhr erfolgreich um zwei Stunden bescheißen.

8.15 Die Lotto-Tippgemeinschaft der Kollegen hat eine Ballermann-Reise gewonnen.

8.57 Die Sekretärin vom Chef macht eindeutige Angebote für die Zeit nach der Mittagspause.

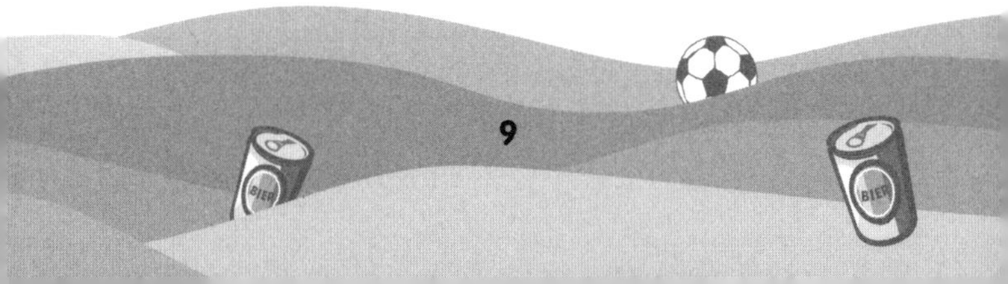

9.22 Der Chef bittet zum Gepräch wegen einer freiwilligen Leistungszulage.

9.56 In der Frühstückspause mit den Kollegen ein Rähmchen Bier darauf trinken.

11.00 Die Nachrichten melden, daß die wöchentliche Arbeitszeit auf 20 Wochenstunden gesenkt wird.

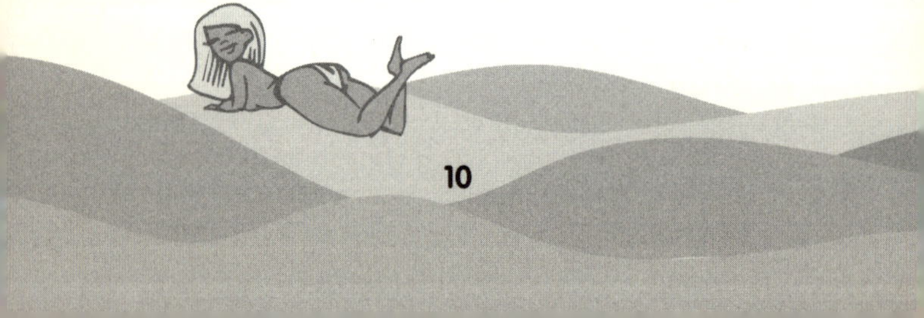

11.23 In 4 Minuten den Kollegen die Funktionsweise des Ferrari-Formel-Eins-Motors von Schumi erklären und dafür sehr bewundert werden.

11.37 Zurück zum Fließband: Stillstand durch Fehler vom Mitarbeiter einer Zeitarbeitsfirma, den Idioten mal ordentlich zusammenscheißen.

12.00 Gemeinsamer Aufenthalt in der Kantine auf Grund des Defektes – auf dem Weg dorthin der Sekretärin vom Chef vielsagend zublinzeln – und dort ein Bierchen zur Beruhigung trinken.

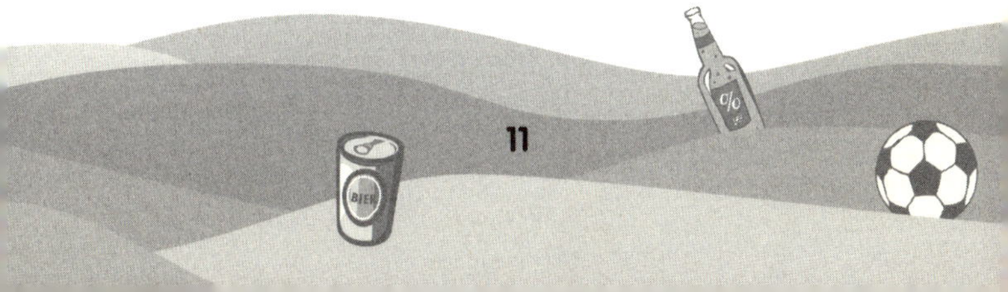

13.00 In der Mittagspause leckere Mantaschale: Currywurst mit Pommes Schranke (= rot-weiß).

14.15 Den Puff-Termin dank der Sekretärin vom Chef auf morgen verschieben.

15.00 Auf der Toilette vom Chef zur Tat schreiten und von der Sekretärin vom Chef gesagt bekommen, daß man sein Handwerk verdammt gut versteht.

15.57 Der Chef kommt von einem Arbeitsessen zurück und erzählt in einem Anfall von Vertrauensseeligkeit angetrunken sein intimstes Geheimnis. Später damit unter den Kollegen für große Belustigung sorgen.

17.03 In der Kneipe ein Bierchen zum Feierabend, 100 Sonderspiele am Spielautomat, 400 DM für Fußball-Tip einkassieren.

18.30 Mit dem Taxi zur Autowerkstatt und den Opel abholen, der „für lau“ repariert wurde.

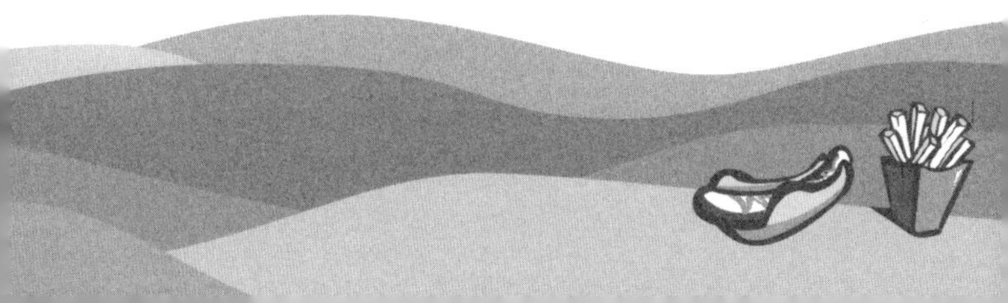

18.47 Trotz Geschwindigkeitsüberschreitung merken die Bullen bei der Kontrolle nix von der Alkohol-Fahne.

19.05 In der Videothek einen Porno und einen Van Damme holen und dabei Dolly Buster bei einer Autogramm-Stunde treffen, eine Minute schweigend vor dem Bildnis von Lollo Ferari stehen.

19.18 Parkplatz direkt vorm Haus finden – mit Laterne.

19.21 Die freundlichen Mohammedaner im Treppenhaus erfolgreich auf die Vorteile von Schweinefleisch hinweisen und zum Spanferkel-Essen nach Mekka einladen.

19.23 Die Alte begrüßen, die endlich die Gummipuppe geflickt und den Videorecorder begriffen hat.

19.26 Wohlwollend feststellen, daß die Kinder seit vorgestern im Ferienlager sind.

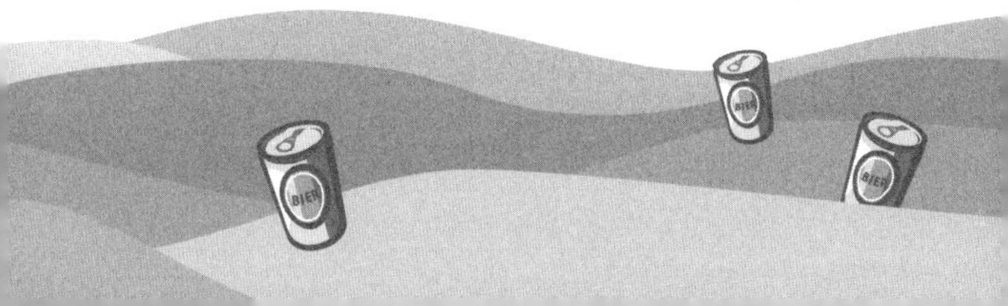

19.30 Das bereits zubereitete Abendessen dankend ablehnen und heute früher in die Stammkneipe gehen.

20.29 Als Sieger der Skat-Runde einen Pit-Bull gewinnen und darauf eine Lokalrunde Geweih-Whisky ausgeben.

21.00 Es der Bedienung auf'm Klo besorgen und somit die Wette mit den Kumpels gewinnen.

21.27 Auf dem Heimweg reißt der Pit-Bull ein Rehkitz und sorgt so selbst für Nahrung – der „gute Hund“.

22.04 Heimkommen, die Alte bringt Bier und Schnittchen zum Video, hält zum Glück die Fresse und geht ins Bett.

22.38 Blase erleichtern, gefühlte Zeitdauer: 17 Sekunden. Dabei erfolgreich die Spuren des Morgenschisses durch gezieltes Pinkeln mit mannhaftem Strahl beseitigen.

22.40 Ins Bett gehen, die Alte erwacht aus einem feuchtem Traum, an ihr ein gutes Werk vollbringen.

23.00 Zufrieden mit 12 sekündigem Furz den Tag verabschieden.

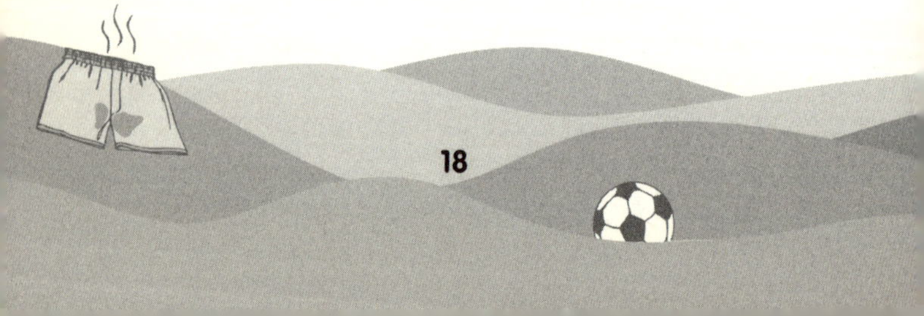

Na, neugierig geworden, wie der perfekte Tag einer **Proll-Frau** aussieht? Hier einige Eckdaten:

8.32 Frühstück bei McDonald's nebenan und danach bei der Opel-Promotion das erste Gläschen Prickelwasser trinken.

13.10 In der neuen Ballonseide-Jogginghose einkaufen gehen, einige Schnäppchen in Niedrigpreismärkten ergattern und einen Optiker finden, der billiger als Fielmann ist.

2.00 Bei RTL 2 eingesandter Home-Video wird gesendet und mit einem stufenlos regelbaren hightech-Vibrator prämiert.

Mehr davon in: Shoppen, schminken, Kuschelsex – Der perfekte Tag einer Frau

Der Yuppie

6.30 Vom Handy mit Bolero-Melodie geweckt werden.

6.32 Die Brasilianerin mit der Freiheit, die man sich nimmt, bezahlen und zurück zur Agentur schicken.

6.40 Der Karate-Lehrer bringt das Frühstück mit frischgepreßtem Saft, einem Gläschen Champagner für den Blutdruck und pochierten Austern und Tigerschwänzen für die Potenz.

6.49 Handy-Anruf: Der Kurztrip nach Marbella am Wochenende geht klar. König Juan Carlos hat der Segelregatta zugestimmt.

7.00 Den Karate-Lehrer in der zweiten Runde schlagen, dabei für den Tag motivierende Musik per Bang & Olufsen mini-disc hören.

8.00 Ausgiebige Körperpflege: Duschen, Rasieren, Haare geelen, Body-Lotion, Munddusche, Zahnseide und vor allem Intimhygiene. Bewunderung des Waschbrettbauches.

9.00 Die Kür ruft: Business as usual.

9.10 Den richtigen Riecher haben und Aktien gewinnbringend abstoßen, dabei eher aus Spaß einen Börsencrash in Südostasien hervorrufen.

9.28 *Financial Times, Forbes, Handelsblatt, Wall-Street Journal* anlesen, aber schon alles vorher gewußt haben.

9.32 Auftrag zur Vergoldung der Wasserhähne erteilen und Turbo-Booster für den Jacuzzi-Whirlpool bestellen.

9.37 Die Limousine mit der neuen Chauffeurin kommt an, um einen zum Fitness-Center zu fahren. (Das eigene Auto nämlich verkauft, da der Aschenbecher voll war.)

9.49 Die Chauffeurin findet, daß man sich doch auf ganz andere Weise viel besser fithalten kann und sich das Auto hervorragend dazu eignet.

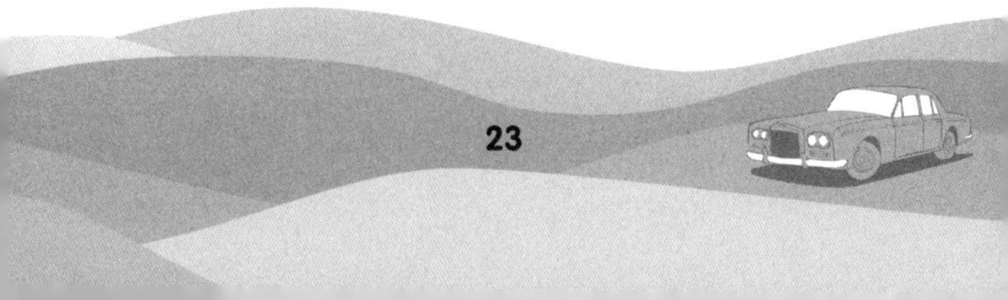

10.17 Im repräsentativen Innenstadtbüro in der 82. Etage kurz nach dem Rechten sehen. Als Mitarbeitermotivation der neuen Angestellten erfolgreich die Vorteile der Emotionalisierung von Arbeitsbeziehungen näher bringen und das Unternehmen um fünf Mitarbeiter verschlanken, die die Halbwertszeit von 30 Jahren überschritten haben.

10.38 Kurz nach Hause, um den Anblick des Nacktputzservice zu genießen und Anweisungen zur Pflege des Humidors zu erteilen.

11.05 Die Lieferung der von Fidel persönlich versiegelten Cohiba-Zigarren-Kisten entgegennehmen und sich darauf einen Laphroig Single Malt genehmigen.

11.15 Auf der Fahrt zum Flughafen: Handy-Anruf: Die handgenähten Pferdelederschuhe, Boss-, Armani- und Dolce & Gabbana- Anzüge sind fertig und können geliefert werden.

12.00 Zum Lunch nach London fliegen, den Pult-Wein ablehnen und statt dessen eine Flasche Petrus, Jahrgang 1982 für 2.500 Euro bestellen.

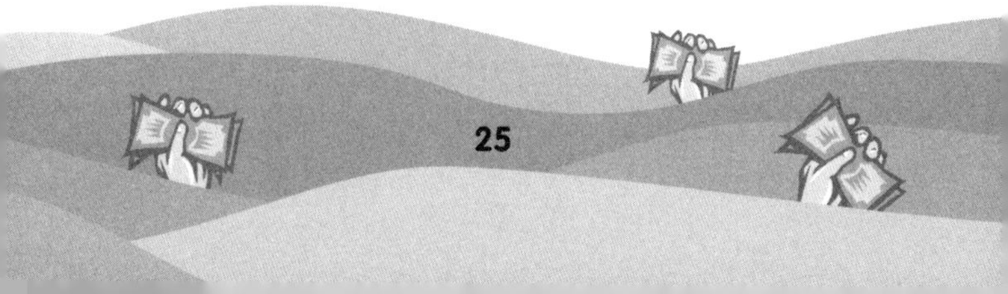

13.45 Den Wein wegen angeblichen Korkgeschmacks zurückgehen lassen.

13.47 Die Geschäftsfreunde damit belustigen, Kaviar auf dem Bürgersteig verteilt zu haben, damit der Pöbel darauf ausrutscht.

14.59 Aus der Vorstandssitzung gerufen werden, weil einem die Sekretärin mitteilt, daß man fürs Cover von *Mens Health* ausgewählt wurde.

15.07 Mit Bill Gates um Microsoft pokern – und gewinnen.

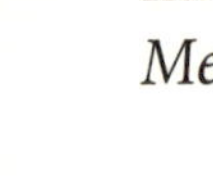

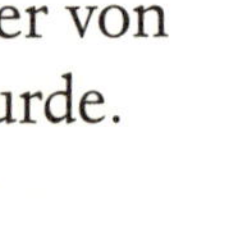

15.20 Günstig einen Flugzeugträger als Basis für das Projekt „Schwimmender Freizeitpark“ erwerben.

15.35 Virtuelles Meeting mit Robert T-Online und ihn mit digitalen Tricks zur 2-Bit-Schnecke machen.

15.40 Sich beim Top-Hairstylisten eine Westerwelle legen lassen.

16.30 Auf dem Rückflug von der wie Claudia Schiffer aussehenden First-Class-Stewardess angesprochen werden und sich mit ihr für später verabreden.

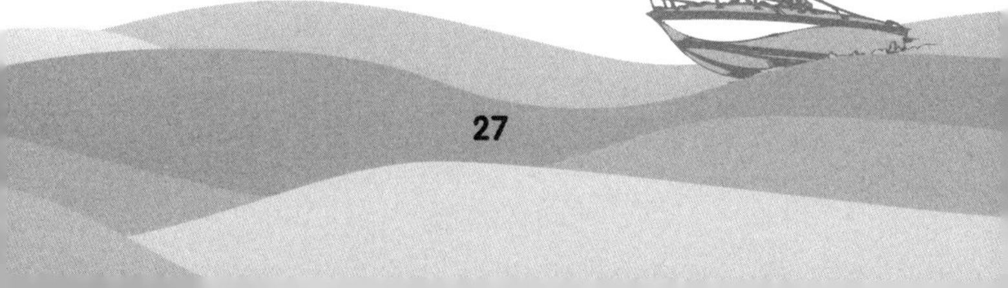

17.00 Während des Fluges per Handy ein Stück Stadtwald günstig erwerben und Auftrag für Golfplatz erteilen. (Da selbstredend eine Sondererlaubnis, während des Fluges, das Handy zu benutzen.)

17.19 SMS: „Schatz, die Nacht neulich war besser als Urlaub".

18.05 In der VIP-Lounge Info-Sharing mit Michael Jackson über Sauerstoffzelte und die Planung der nächsten Milleniumsparty in Angriff nehmen.

19.01 Die Stewardess im Szene-Club pünktlich eine Minute nach der happy hour zu diversen Cocktails einladen und mit ihr auf der after-work-party vorbeischauen.

23.04 Andrea Bocelli einfliegen und zu Hause im Wohnzimmer singen lassen, dabei die Stewardess auf der Designer-Couch vernaschen.

0.00 Sich vornehmen, als gute Tat die Viagra-Vorräte ans Obdachlosenheim zu schicken. Viel Kohle macht bekanntlich geil genug.

0.05 Dem Papst per SMS die Beichte abnehmen.

0.46 Beim seidigen Good-night-Stuhlgang auf dem Toiletten-Monitor den Nasdaq checken.

1.00 Mit dem Gefühl, in jeder Hinsicht alles erreicht zu haben, selbstverliebt einschlafen.

Na, neugierig geworden, wie der perfekte Tag einer **Yuppie-Frau** aussieht? Hier einige Eckdaten:

8.25 Beruhigt feststellen, daß der vor drei Wochen weggelaserte Damenbart noch nicht nachgewachsen ist.

12.37 Beim Mittagessen vom gutaussehenden Geschäftspartner zu Kaviar im Dialog mit Lachssorbet eingeladen werden.

21.20 Sich ins Chanel-Kostüm mit passendem Tiffany-Collier werfen, stylen und eine Nachricht auf dem Anrufbeantworter vorfinden, daß der Ex-Mann auf Unterhaltszahlungen verzichtet.

Mehr davon in: Shoppen, schminken, Kuschelsex – Der perfekte Tag einer Frau

Der Schüler

6.15 Onanieren!

6.30 Die jugendliche, gutaussehende Mutter bringt Frühstück ans Bett, erkundigt sich, wer denn das nette Mädchen gestern Abend war, spart sich heute ihre Aufklärungsversuche (wenn die wüßte …) und teilt mit, daß sie heute über Nacht mit Papa zur Oma muß.

7.00 Im Bad glücklich feststellen, daß Clearasil wirklich wirkt und daß das Ville Valo von HIM nachempfundene Intim-Tattoo nicht mehr entzündet ist.

7.30 Stolz die neue Baseball-Kappe aufsetzen, die neuen Adidas Superstars anziehen, das Schulzeug in den East-Pack-Rucksack knallen, fünf Kaugummis einkauen und los geht's.

7.48 Vor der Schule erstmal eine rauchen, um später nicht wieder so viel husten zu müssen – sich dabei wirklich wie ein Cowboy fühlen.

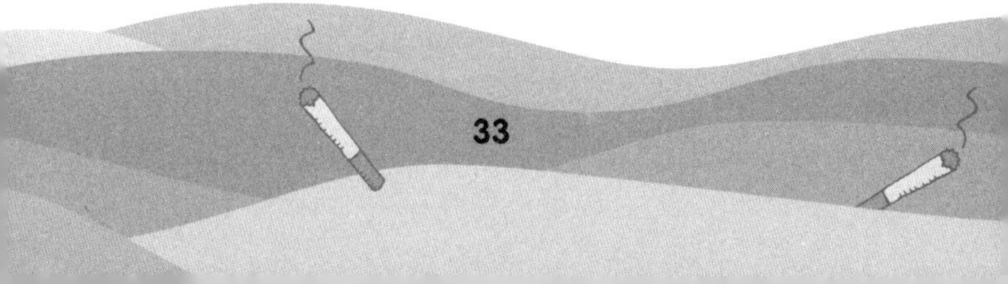

9.00 In der Mathe-Stunde nicht nur dem Lehrer mit spontaner Kick-Box-Vorführung Respekt einflößen.

9.35 In der Pause voll cool mit dem Butterfly-Messer hantieren und auf dem Schulklo nicht beim Rauchen erwischt werden – und nicht husten.

10.00 In der Deutsch-Stunde damit glänzen, zu wissen, wer Shakespeare war und voll krass den besten Diktat schreiben.

10.17 Trotzdem eben kein Streber, sondern der Mega-Traumboy der Girls sein und dies durch zahllose SMS bestätigt bekommen.

11.36 Von der total heiß begehrten, abgefahrenen Neuen gefragt werden, ob man ihr später beim Lernen für die Physik-Arbeit helfen könnte.

12.11 In der selbsternannten Freistunde mit der Handy-Wechsel-Oberschale im schrillen Bravo-Screen-Fun-Design total gut ankommen und beim Handy-Vergleich wegen der meisten Funktionen und der lautesten Melodie die andern easy abhängen.

13.05 Nach dem Sportunterricht beim Duschen den Schwanzvergleich und kurz darauf das Zielpissen auf einen Doppelkeks mit Abstand gewinnen.

13.20 Nach der Schule mit der Clique ein bißchen im Eiscafé abhängen und den Girls hinterherpfeifen.

13.50 Onanieren!

14.00 Beim Mittagessen die Mutter dazu überreden, doch mit den Kumpels zur love parade fahren zu dürfen.

14.32 Hausaufgaben werden ab heute für rechtswidrig erklärt und eine Entschädigungszahlung für alle bisher gemachten wird in Aussicht gestellt.

14.33 Im Streetwear-Outfit zum Date mit der Clique. Beim Rollerbladen 184 SMS verschicken und dabei nicht auf die Fresse fliegen.

16.00 Mit der Neuen, die ist echt ultracharming, für die Arbeit lernen. Ihr sagen, sie soll sich mal locker machen und downcoolen – das wird schon. Mit ihr rumflirten und von ihr gefragt werden, ob man später zusammen auf die Piste geht.

18.00 Computerzeit: 20.000 Moorhühner erlegen, die Abituraufgaben hacken (damit kann man sich das Taschengeld aufbessern!) und einen als Liebesbrief getarnten Virus via E-Mail in der ganzen Welt verbreiten, damit Milliarden-Schaden

anrichten und zum unbekannten Medienstar werden.

19.51 Mit der Neuen ins Kino reinkommen (Film ab 18), aber wegen heavy petting nix vom Film mitkriegen.

21.49 Feststellen, mit dem Nägelkauen aufgehört zu haben.

22.31 Mit der Neuen in die Disco reinkommen. Total angesagt auf Hip Hop abdancen, freestyle rappen bis der Arzt kommt und Sprüche klopfen wie Erkan und Stefan.

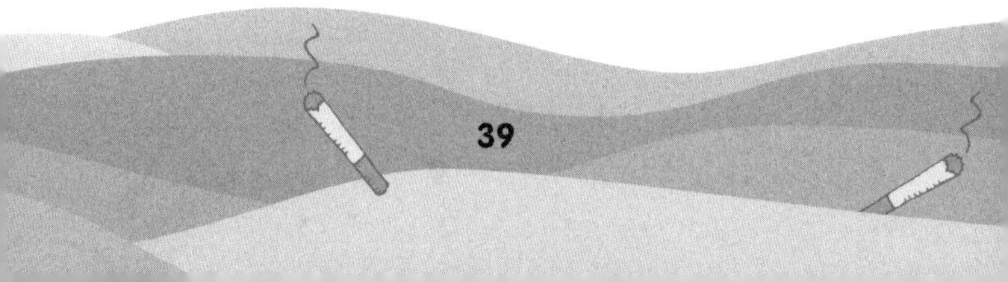

23.40 Vom DJ auf das neulich abgegebene Demo-Band angesprochen werden, der die Musik total trendy findet und ein Konzert veranstalten will.

0.00 Zu Hause null Bock auf South-Park. Lieber mit der Neuen ins Bett gehen, einen hoch kriegen, die Klitoris finden, mit love toys experimentieren und nicht vorzeitig ejakulieren.

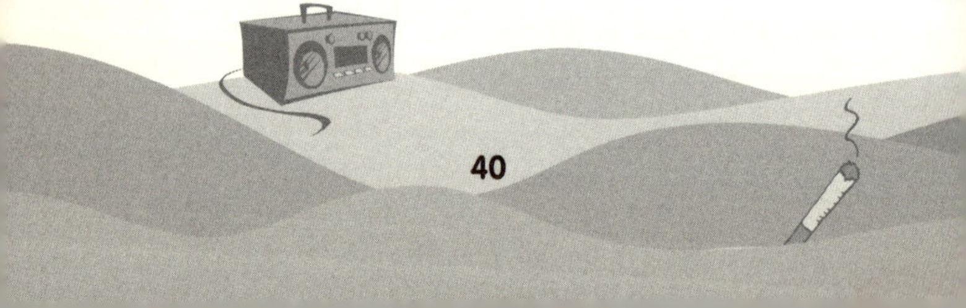

Na, neugierig geworden, wie der perfekte Tag einer **Schülerin** aussieht? Hier einige Eckdaten:

7.15 Den süßen Postboten abfangen: Zum Casting für die neuen Folgen von Big-Brother, zu Probeaufnahmen als H&M-Modell und zum Foto-Shooting für den Girl! Foto-Liebes-Roman eingeladen werden.

14.09 Mit der besten Freundin zum ziellos in der Stadt Rumlaufen und Shoppen treffen.

1.00 Zur „Schlank im Schlaf Diät" hinlegen, 25 Gute-Nacht SMS bekommen, den Ricky-Martin-Starschnitt küssen und mit dem Liebslingskuscheltier einschlafen.

Mehr davon in: Shoppen, schminken, Kuschelsex – Der perfekte Tag einer Frau

Der Rentner

7.00 Pissen, scheißen, aufstehen.

7.36 Die Zähne liegen im Glas an ihrem angestammten Platz – Der Tag hat Biß!

8.00 Die Nachbarin beim Duschen beobachten. Unerhört, daß diese schamlose Person den Vorhang offen läßt! Rechtliche Schritte in Erwägung ziehen.

8.24 Der Steckschuß in der Schulter tut bei dem Kaiserwetter gar nicht weh. Heute selbst den rechten Scheitel über die Platte bis zum linken Ohr legen. Eine ordentliche Menge Rasierwasser „Tabac“ auftragen und Hämorrhoiden mit „Anusol“ (= Arschsonne) behandeln.

9.00 Verklärter Seufzer beim Haferschleim-Frühstück: Aus unerfindlichem Grund an „Muttis“ Muschi vor 40 Jahren denken.

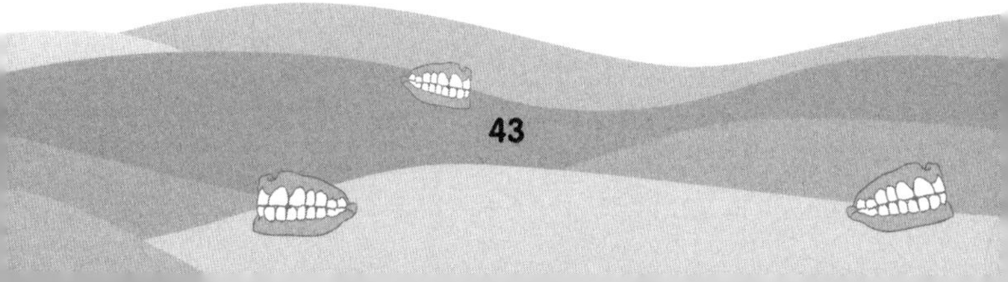

9.48 Blick aus dem Fenster, und die polnischen Nachbarn an der Freude über den schönen Frühlingstag durch Marschmusik aus dem Volksempfänger in Bataillonslautstärke teilhaben lassen.

10.23 Die *Deutsche Briefmarken Zeitung* liegt ordnungsgemäß im Briefkasten. Endlich wurde der Leserbrief abgedruckt zum Artikel „Vorsicht, Vorsicht – Berlin-Marken gefälscht – Augen auf beim Adhäsionsgummi!“

10.28 Erfolgreiche Kontrolle der Briefkästen der Nachbarn: Der Sozialhilfeempfänger aus dem dritten Stock hat doch Aktien!

10.40 Der Hund bringt einen schnurstracks und zielsicher zum Frühschoppen mit den Kameraden vom Kleingartenverein. Prostata, das Bier läuft heute sogar auch gut wieder raus!

11.00 Gute Nachrichten: Dönges Karl liegt mit Lungenentzündung im Krankenhaus, nachdem er sich sein Leben lang die Wanderabzeichen bloß erschlichen hat.

12.15 Das Goulasch steht pünktlich auf dem Tisch, die Pillen sind richtig sortiert – also doch die Richtige geheiratet.

13.00 Der Watzmann ruft zum Mittagsschlaf. Lieblingstraum von herrlicher Exkursion mit der Universität des Dritten Lebensreiches nach Berchtesgaden.

15.15 Rektaluntersuchung bei adretter Ärztin – Angenehme Erinnerungen an die Kampfgenossen steigen auf.

16.00 Erna und den Hund mit dem Automobil ausführen – Prächtige Landpartie zum Völkerschlachtdenkmal.

18.00 Auf dem Rückweg die von Erna makellos gebügelte Deutschlandfahne im Kleingartenverein vorbeibringen.

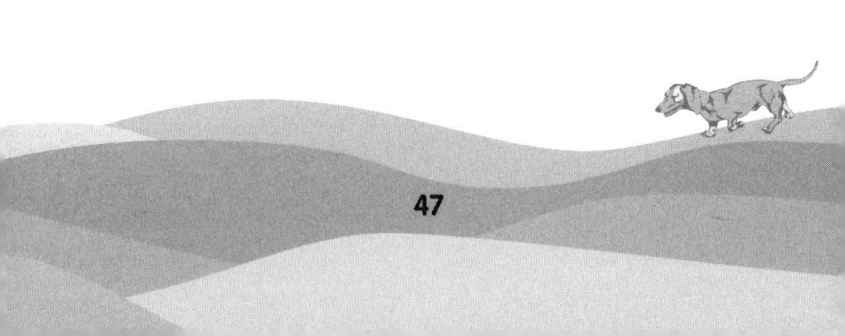

18.29 Hingebungsvoll den Prozeß gegen die Nachbarn vorbereiten, denn wo kämen wir denn da hin, wenn jeder die Vorhänge aufhängen würde, die ihm gefallen?!

18.34 Letzte farbige Kleidungsstücke aussortieren. Gedenkminute für Robert Lembke und Willy Millowitsch einlegen.

19.00 Abendessen mit Granufink, Doppelherz und Volksmusik.

19.20 Die Hutsammlung würdigen, sortieren und den Hut passend zum Stock aufsetzen.

19.30 Obligatorischer Abendspaziergang: Drei Falschparker notieren und die „heutige Jugend“ zur Ordnung rufen.

20.15 Gemütlicher Abend mit Erna vor dem Fernseh-Apparat. Mit der neuen Satellitenschüssel die meisten Fernsehprogramme des ganzen Hauses empfangen.

23.00 Mit dem neuen Hörgerät macht das Leben wieder richtig Spass: Mit dem Besen an die Decke klopfen – Diese Langhaarigen von oben drüber lernen auch noch, was Recht und Ordnung bedeutet!

23.29 Nach einem Kontrollgang durch die Wohnung ins Bett. Traum, daß die alte Pappel vorm Haus noch mal austreibt.

Na, neugierig geworden, wie der perfekte Tag einer **Rentnerin** aussieht? Hier einige Eckdaten:

7.04 Im Badezimmer statt Waschen eine ordentliche Ladung Tosca und 4711 auftragen und bei der guten Akustik das Ehepaar der Nachbarwohnung beim Streiten belauschen.

13.00 Den Wehrdienstverweigerer dank des Durchfalls mal so richtig herausfordern und ihm das Essen auf Rädern vor die Füße spucken.

20.30 Vor dem Fernseher bei der Hitparade eifrig am geschmackvollen Telefonüberzieher weiterhäkeln und überlegen, ihn Dieter Thomas Heck zu schicken.

Mehr davon in: Shoppen, schminken, Kuschelsex – Der perfekte Tag einer Frau

So duschen Sie wie ein Mann

1. Setzen Sie sich auf Ihr Bett, ziehen Sie Ihre Kleider aus und werfen Sie sie auf den Boden.

2. Gehen Sie splitterfasernackt ins Badezimmer. Wenn Sie unterwegs Ihrer Frau oder Ihrer Freundin begegnen, vergessen Sie nicht, kokett mit dem Arsch zu wackeln und dabei Ihr

bestes Teil auf einladende Art zum Schwingen zu bringen. Zeigen Sie Ihr, wie stolz Sie darauf sind und daß sie es auch sein sollte.

3. Betrachten Sie beeindruckt Ihre umwerfende männliche Silhouette im Badezimmerspiegel. Ziehen Sie – solange der Luftvorrat reicht – Ihren Bauch ein, um zu sehen, ob Sie Bauchmuskeln haben (natürlich haben Sie keine). Bewundern Sie die Größe Ihres Penis, kratzen Sie Ihre Eier und riechen Sie ein letztes Mal Ihren herben, männlichen Duft, indem Sie an Ihren Fingern schnüffeln.

4. Gehen Sie unter die Dusche. Suchen Sie keinen Waschlappen (Sie benutzen nämlich keinen).

5. Waschen Sie Ihr Gesicht und waschen Sie sich unter den Achseln.

6. Furzen Sie lautstark (ca. 90 dB) und freuen Sie sich über die tolle Resonanz in Ihrer Duschkabine.

7. Waschen Sie sich Ihre Genitalien und Ihren Hintern – nicht ohne dabei Schamhaare an der Seife zu lassen.

8. Nehmen Sie irgendein Shampoo und waschen Sie sich die Haare.

9. Öffnen Sie den Duschvorhang und betrachten Sie sich selbstverliebt mit dem Schaum im Haar im Spiegel. Ziehen Sie anschließend den Duschvorhang wieder zu.

10. Da die Dusche eh läuft, vergessen Sie nicht, zu onanieren oder wenigstens zu pinkeln.

11. Spülen Sie sich erst danach ab.

12. Steigen Sie aus der Dusche. Übersehen Sie das Wasser, das sich auf dem Badezimmerboden ausgebreitet hat, weil Sie den Duschvorhang nicht ganz zugezogen haben.

13. Trocknen Sie sich flüchtig ab. Lassen Sie den nassen Duschvorhang vor der Dusche statt darin abtropfen.

14. Betrachten Sie sich im Spiegel. Spannen Sie Ihre Muskeln an, ziehen Sie Ihren Bauch ein und bewundern Sie erneut Ihre Männlichkeit.

15. Spülen Sie die Duschwanne nicht aus.

16. Lassen Sie die Heizung und das Licht im Badezimmer an.

17. Gehen Sie, nur mit einem Handtuch um die Hüften, zum Kleiderhaufen in Ihrem Zimmer zurück. Wenn Sie unterwegs Ihrer Frau oder Ihrer Freundin begegnen, öffnen Sie das Handtuch und rufen Sie Ihr ein auffforderndes „Das Bäumchen ist frisch geputzt“ zu.

18. Werfen Sie das nasse Handtuch auf das Bett. Ziehen Sie innerhalb von 20 Sekunden Ihre alten Kleider an, damit Sie wieder Ihren umwerfenden erotischen Geruch verströmen.

So duschen Sie wie eine Frau

1. Ziehen Sie Ihre Kleider aus und legen Sie sie in den entsprechenden Wäschekorb (weiße Wäsche / Buntwäsche).

2. Gehen Sie in Ihren Bademantel gehüllt ins Badezimmer. Wenn Sie unterwegs Ihren Mann oder Freund treffen, bedecken Sie jeden Zentimeter Ihres Körpers mit einer nervösen Geste und rennen Sie so schnell wie möglich zum Bad.

3. Betrachten Sie sich im Spiegel und strecken Sie Ihren Bauch so weit Sie können heraus. Beklagen Sie sich dann darüber, daß Sie einen Bauch bekommen haben.

4. Gehen Sie unter die Dusche. Suchen Sie den Waschlappen für das Gesicht, den Waschlappen für „unten", den Dusch-Schwamm und den Bimsstein.

5. Waschen Sie Ihre Haare ein erstes Mal mit dem Shampoo 4 in 1 mit 83 Vitaminen.

6. Waschen Sie Ihre Haare erneut mit dem Shampoo 4 in 1 mit 83 Vitaminen.

7. Benutzen Sie die Haarspülung auf der Basis von Jojoba-Öl und getrockneten Biber-Genitalien. Lassen Sie die Haarspülung 15 Minuten einwirken.

8. Schrubben Sie Ihr Gesicht mit einer Maske aus Eiern gemischt mit Aprikosenmus. Schrubben Sie mindestens 10 Minuten – bis Sie fühlen, daß Ihre Haut gereizt ist.

9. Waschen Sie die Haarspülung aus. Dieser Vorgang muss mindestens 20 Minuten dauern, damit Sie auch sicher sein können, daß Ihre Haare gut ausgewaschen sind.

10. Rasieren Sie sich die Achseln und die Beine. Denken Sie darüber nach, sich auch die Bikinizone zu rasieren, entschließen sie sich dann aber doch dazu, die Haare mit Wachs zu entfernen.

11. Schreien Sie so laut es geht, wenn Ihr Mann oder Ihr Freund die Klospülung betätigt oder sonst irgendwo Wasser laufen läßt.

12. Drehen Sie den Wasserhahn der Dusche zu und steigen Sie aus der Dusche. Trocknen Sie sich mit einem Badetuch ab, das 2x so groß ist wie Deutschland. Packen Sie Ihre Haare in ein zweites Handtuch.

13. Trocknen Sie alle nassen Oberflächen der Dusche mit einem Schwamm ab. Sprühen Sie ein Anti-Schimmel Spray auf die Kacheln und Amaturen.

14. Untersuchen Sie jede Stelle Ihres Körpers nach Pickeln. Drücken Sie gefundene Pickel mit Ihren Fingernägeln oder gegebenenfalls mit Hilfe eines Pickelquetschers aus.

15. Verteilen Sie mindestens 2 Liter Body-Lotion für besonders trockene und anspruchsvolle Haut gleichmäßig auf sich.

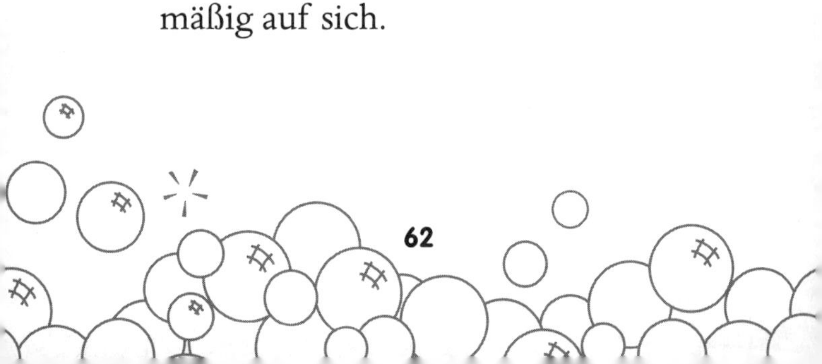

16. Gehen Sie in Ihr Zimmer zurück, dick eingepackt in Ihren Bademantel und mit dem Handtuch auf dem Kopf. Wenn Sie unterwegs Ihren Mann oder Freund treffen, dann bedecken Sie jeden Zentimeter Ihres Körpers mit einer nervösen Geste und rennen Sie in Ihr Zimmer.

17. Schließen Sie sich in Ihrem Zimmer ein und verbringen Sie 1 1/2 Stunden damit, sich frische Kleider anzuziehen.

18. Gehen Sie wieder ins Bad, um weitere 1 1/2 Stunden damit zu verbringen, Ihre Haare in Form zu bringen und sich zu schminken.

Adrian Schneider

Shoppen, schminken, Kuschelsex

Der perfekte Tag einer Frau

Eichborn. Der Verlag mit der Fliege